DISSOLUTION

POLITIQUE ET SOCIALE.

PAR

M. FUMERON D'ARDEUIL,

Ancien Administrateur.

PARIS.

IMPRIMERIE ÉDOUARD PROUX ET Cᵉ,

RUE NEUVE-DES-BONS-ENFANTS, 3.

—

JUIN 1849.

1849

DISSOLUTION

POLITIQUE ET SOCIALE.

Lorsqu'il existe dans un corps un germe de corruption et de décomposition, tous les moyens superficiels que l'on emploie sont impuissants pour y porter remède : il faut sonder profondément, jusqu'au cœur, jusqu'au principe du mal, pour le détruire.

Il en est de même pour les sociétés. Une nation entière est atteinte d'une fièvre révolutionnaire chronique; elle s'agite et conspire sans cesse; dans ses convulsions périodiques, elle désorganise, elle détruit tout, elle remet tout en question, souveraineté, lois et mœurs, et ramène tous les dix ou quinze ans un bouleversement général et une période plus ou moins longue, plus ou moins funeste de désordre et d'anarchie. Les bons citoyens voient avec douleur ces accès de monomanie révolutionnaire ruiner, énerver cette nation intelligente et brave; paralyser son industrie, son commerce et toutes ses forces vives; détruire son crédit et sa prospérité, et la réduire à la misère et à l'impuissance.

Cette maladie morale n'est que trop sensible et se manifeste en France par des accès de plus en plus fréquents.

Quelle en est la cause?

Chaque parti, nous dirions presque chaque individu, ne la

cherche et ne veut la voir qu'au point de vue de ses passions ou de son intérêt personnel.

Les défenseurs des antiques doctrines la voient dans l'abandon de leur principe sacré de légitimité : suivant eux, une fois que l'on est sorti de cette règle tutélaire et immuable, on tombe inévitablement dans toutes les agitations, dans toutes les aberrations que peuvent susciter des doctrines pernicieuses et des ambitions sans frein.

Selon les réformateurs radicaux, on n'a jamais assez fait pour la liberté : la société s'agitera sans cesse tant que ce premier besoin du citoyen ne sera pas complètement satisfait.

Certains publicistes pensent qu'il n'y a pas de stabilité à espérer là où il n'existe pas une aristocratie forte et riche, habile et prudente comme en Angleterre.

Un homme d'un rare talent, bien que ses essais pratiques aient eu des résultats malheureux, a toujours professé qu'il n'y avait de gouvernement fort et durable que celui qui s'appuie essentiellement sur les classes moyennes. S'arrêtant à ce point, il déclare : « Que le mal qui est au fond de tous nos maux, qui mine et détruit nos gouvernements et nos libertés, notre dignité, notre bonheur, c'est l'idolâtrie démocratique (1). »

Nous ne parlons pas des socialistes, des communistes et autres sectaires semblables. Lorsque l'on commence par nier la propriété et dissoudre la famille, on est au dessous de toute discussion et l'on se met en guerre ouverte avec toute société. Au surplus, nous aurons plus tard l'occasion de revenir sur ces missionnaires de spoliation et d'anarchie.

Quelques mots sur chacune de ces sentences.

Un principe, quelque juste qu'il soit, ne suffit pas pour sauvegarder et soutenir un gouvernement lorsqu'il se compromet par ses propres excès. Sans doute le principe de l'hérédité du pouvoir, consacrant un droit invariable, reconnu de tous, qui écarte toute compétition sans blesser aucun amour-propre, prévient les discordes civiles que susciteraient à chaque changement de souverain des ambitions surgissant de toutes parts ; mais la logique est impuissante devant les passions surexcitées, lorsque la nation croit, à tort ou à raison, ses intérêts, sa liberté, ses droits menacés. Supposez que l'on eût accepté Henri V en 1830 ou le comte

(1) *De la Démocratie en France.* — Janvier 1849.

de Paris en 1848 ; mais que les gouvernements d'alors eussent obstinément persisté dans leurs systèmes, l'un d'atteintes à la charte, l'autre de refus absolu de toute réforme ; croit-on que les révolutions eussent été évitées par cela seul que le principe de l'hérédité n'aurait pas été violé ?

Ceux qui se montrent insatiables de liberté seraient eux-mêmes forcés d'avouer qu'il est un degré de licence auquel il faudrait pourtant s'arrêter. Ils oublient, d'ailleurs, que ce n'est point pour avoir été avare de liberté que notre première République a subi elle-même des révolutions et est venue tomber sous le pouvoir absolu.

Une aristocratie, quelque puissante qu'elle soit, ne peut être une des colonnes de l'État monarchique, qu'autant qu'elle est tout à la fois dévouée au souverain et populaire. Avant 1789, il existait en France une aristocratie puissante par ses traditions, par ses possessions, par ses priviléges : a-t-elle empêché la révolution de 1790 ? C'est précisément contre elle que cette révolution était dirigée ; c'est contre elle que se soulevèrent alors les classes moyennes et les prolétaires coalisés.

La monarchie de 1830 avait donné aux classes moyennes une immense influence : par l'élection, dont elles avaient à peu près le privilége, elles disposaient de tout. Le gouvernement s'appuyait essentiellement sur elles, faisait tout pour elles et par elles : c'était de leur sein que sortaient la plupart des fonctionnaires, des ministres, des députés, même un bon nombre de pairs de France. L'action prépondérante des classes moyennes a-t-elle empêché la révolution de 1848 ?

Toutes ces doctrines absolues sont réfutées par l'expérience et tombent devant les faits.

L'orgueil et l'esprit de domination sont innés chez tous les hommes ; chaque individu, et surtout les castes et les corps, sont toujours enclins à abuser de leurs avantages. Toutes les classes prépondérantes deviennent bientôt exclusives ; elles se perdent par l'excès de leurs prétentions.

Avant 1789, la noblesse, le haut clergé, possédaient seuls priviléges et prérogatives, honneurs et dignités, influences et pouvoirs. Le Tiers-État, c'était sous ce nom que l'on désignait les classes moyennes, ne comptait guère dans l'État que pour en supporter les charges : il ne participait en aucune manière au gouvernement, pas même par un vote aux États-Généraux, oubliés depuis 175 ans. Un gentilhomme n'aurait pu, sans déroger, exercer un commerce, une industrie, une profession libérale quelconque : s'il épousait la fille d'un bourgeois, ses pareils ne lui pardonnaient pas de s'être abaissé jusqu'à une pareille mésalliance.

Depuis le système représentatif et surtout depuis 1830, les classes moyennes, devenues dominantes, empruntaient à l'antique noblesse à laquelle elles s'étaient substituées, ses prétentions, ses vanités, ses travers. Comme elle, elles voulaient tout accaparer ; comme elle, elles se montraient hautaines, exigentes ; comme elle, elles provoquaient de la part des uns une animadversion railleuse, de la part des autres une envieuse haine.

Les classes ouvrières se lèvent à leur tour ; elles veulent détrôner les bourgeois : et à leur tour elles veulent dominer la société : elles prétendent que les travailleurs doivent être tout dans l'État ; que tous les autres citoyens n'en sont que des membres parasites ; et nous avons vu le moment où l'on exigerait des lettres de prolétariat, comme jadis on exigeait des lettres de noblesse.

Toutes les castes, toutes les classes de la société, aussi bien que les gouvernements, tombent par l'exagération de leur principe. Elles ne se contentent pas de reconquérir leurs droits ; elles veulent asservir les autres classes et contribuent ainsi à amener des révolutions nouvelles.

Cependant, de quelque manière que vous organisiez la société, il y aura toujours des classes supérieures par l'illustration, par l'éducation. par les talents, par la richesse ; des classes moyennes qui s'élèvent ou se soutiennent par l'agriculture, par l'industrie, par le commerce, par l'exercice des professions libérales ; enfin des ouvriers et des prolétaires qui ne vivent que de leur travail de chaque jour.

La réunion de ces diverses classes forme le faisceau de l'État : elles ont toutes besoin l'une de l'autre et se prêtent un mutuel secours. Les classes agricoles et ouvrières fournissent l'immense majorité des braves défenseurs de la patrie. Sans les agriculteurs, les artisans et les commerçants, les classes les plus fortunées ne pourraient se procurer les marchandises de luxe ni même les objets de première nécessité. Réciproquement, c'est la prospérité des classes supérieures qui seule peut faire prospérer l'industrie, le commerce, les arts, sources de bien-être et de fortune pour les classes moyennes, et assurer à l'ouvrier le travail, au pauvre la bienfaisance qui les font vivre.

Ainsi, lorsque Sièyes, ce grand rédacteur de constitutions, disait en 1789 : « Qu'est-ce que le Tiers? Rien ! » il avait raison ; il signalait un abus réel. Lorsqu'il ajoutait : « Que doit-il être? Tout ! » il proclamait un sophisme et une injustice.

Il ne faut pas qu'une classe quelconque absorbe, annulle, opprime les autres : toutes devraient sentir que leur intérêt même leur prescrit de vivre côte à côte en bonne intelligence, suivant le philanthropique et sage conseil d'un illustre publiciste (1) qui, malheureusement, n'indique pas les moyens de parvenir à cet accord si désirable.

Or, l'état de choses actuel est loin de nous faire espérer cette heureuse harmonie.

Quelles sont les dispositions naturelles des classes les moins fortunées de la société?

Le désir du bien-être, sans l'acheter par la fatigue du travail, est instinctif chez presque tous les hommes. Combien ce désir n'est-il pas plus fort chez l'ouvrier, obligé de gagner chaque jour par un travail pénible son pain et celui de sa famille, et ayant à craindre les maladies, les mortes-saisons, le manque d'ouvrage avec l'impuissante vieillesse en perspective? Mécontent de son sort présent, inquiet de son avenir, il éprouve, même involontairement, un mouvement de dépit et d'irritation envieuse lorsqu'il a sous les yeux le spectacle provoquant de la richesse oisive, des heureux de la terre savourant, sans prendre aucune peine, toutes les jouissances du luxe, tous les plaisirs de la vie qu'il ne connaîtra jamais. Il murmure, il s'irrite contre le sort qui lui fait une part si inégale dans les biens de la vie : vienne un misérable tribun qui le galvanise en surexcitant ces mauvaises passions; le voilà tout prêt pour la guerre sociale. Et si l'ouvrier, le véritable et bon travailleur, est exposé à des tentations pareilles, que sera-ce pour l'ouvrier indolent ou vicieux qui ne veut pas travailler?

Comment combattre ces excitations d'une ambition bien naturelle quoiqu'impossible à satisfaire? ces mauvais conseils de la pauvreté? Comment en prévenir ou en réprimer les effets? c'est ce que nous examinerons bientôt. Constatons seulement ici cette vérité, que, dans toute société, quelle qu'elle soit, ces dispositions hostiles des classes laborieuses contre les classes plus fortunées existeront toujours.

(1) Ouvrage déjà cité : « *De la Démocratie en France.*

Maintenant, que s'est-il passé en France depuis 60 ans et quelle influence ces évènements ont-ils pu exercer sur notre moralité politique ?

L'antique caste nobiliaire a disparu dans la tourmente révolutionnaire. La noblesse de l'Empire a perdu sa puissance à la chute du génie qui l'avait créée. Sous le régime du Code civil, puis des Chartes de 1814 et de 1830, les institutions se sont démocratisées peu à peu ; la division des propriétés a nivelé les fortunes ; l'esprit d'égalité a fait chaque jour de nouveaux progrès par l'admissibilité de tous les citoyens aux emplois publics ; l'industrie devenue dominante, l'esprit de spéculation s'emparant de toutes les têtes, ont créé de nouvelles notabilités de fortune et de finance. De ces métempsycoses politiques il est résulté que les classes moyennes ont absorbé toutes ces aristocraties diverses, se sont fondues avec elles.

De leur côté les classes ouvrières se sont coalisées avec les prolétaires dans un intérêt commun d'amélioration de leur sort.

La société n'est donc plus, en réalité, divisée qu'en deux classes : l'une qui possède et veut conserver ; l'autre qui ne possède pas et dont la tendance est naturellement d'acquérir.

Dans une situation aussi tranchée, qui met en présence les conditions extrêmes, sans aucun intermédiaire conciliant ou modérateur, l'antagonisme social est devenu plus dangereux et plus menaçant.

Durant nos variations continuelles de régimes et de systèmes, l'instruction publique a été tantôt nulle, tantôt, ce qui est pire encore, fausse et malfaisante. Suivant les tendances et les passions du moment, on inculquait aux jeunes gens les principes les plus contradictoires, les doctrines les plus opposées. Tout a été enseigné successivement : le vice comme la vertu ; l'athéisme et le déisme comme la religion ; le jésuitisme comme la piété ; l'insurrection comme l'obéissance passive ; la licence comme la liberté.

A diverses époques la France a été inondée de livres et de pamphlets qui, tour à tour, dans l'intérêt des différents partis, sapaient tous les fondements du droit politique et même de l'ordre social.

Les journaux de toutes les couleurs n'ont trop souvent usé de la liberté que pour prêcher chaque matin le mépris de toute autorité, l'insubordination et la révolte.

Nous avons vu des professeurs, dans un but de propagande révolutionnaire, chercher à séduire leurs élèves par de coupables et basses flatteries, et leur inspirer ainsi des sentiments faux, un orgueil ridicule et les plus folles ambitions.

Les évènements, d'ailleurs, autorisaient, jusqu'à un certain point, ces rêves d'ambitions insensées. Au milieu de nos fréquentes alternatives d'ordre et d'anarchie, d'action et de réaction, de despotisme et de licence, tous les partis ont eu leur jour de triomphe et la fortune révolutionnaire n'a pas élevé seulement les grands génies, les hommes éminents par leurs talents ou par leurs qualités. Dans ces grandes loteries d'ambition, les gros lots de places, de dignités, de distinctions, de richesses, sont tombés souvent sur des intrigants fort médiocres, parfois sur des hommes tarés. C'est ainsi que nous avons vu surgir tant de grandeurs inconcevables, injustifiables, scandaleuses, et tant de fortunes impunies. Quel individu, si modestes que soient sa profession, sa condition, si bornés que soient ses talents et son mérite, ne se croira pas autorisé à prétendre représenter, administrer, gouverner la France, lorsqu'il voit tels et tels hommes, naguère ses égaux, escalader le pouvoir et s'élever aux premiers postes de l'Etat? Des électeurs inintelligents, séduits ou corrompus, n'ont-ils pas eux-mêmes été maintes fois les instruments aveugles ou les complices de ces triomphes de la médiocrité intrigante et ambitieuse?

Il a été promulgué et inséré au Bulletin de nos lois un décret ainsi conçu : « Le gouvernement provisoire, considérant que de
» puis un demi-siècle chaque nouveau gouvernement *qui s'est*
» *élevé a exigé et reçu* des serments qui ont été successivement
» remplacés par d'autres à chaque changement politique.... Dé
» crète : les fonctionnaires de l'ordre administratif et judiciaire
» ne prêteront pas de serment (1). » Point d'exception pour ceux qui ont refusé dans mainte occasion ces serments tant de fois exigés; point de distinction entre les époques, entre la foi rendue et la foi violée, entre l'homme redevenu libre et le traître. « Les serments ne servent à rien; vous en prêtez tant qu'on en veut, sans être retenus par les serments antérieurs; nous vous en dispensons à l'avenir. Un gouvernement a osé jeter à la face de la nation cette déclaration brutale où l'outrage se mêle au cynisme, et la nation l'a souffert!

(1) *Bulletin des Lois*, n° 52, 1er semestre 1848. Décret du 1er mars, p. 33.

Sous l'inspiration d'une philanthropie plus ardente qu'éclairée, certains philosophes des derniers temps, secondant, peut-être sans le vouloir, tous les instincts révolutionnaires, ont imaginé de distinguer parmi les délits et les crimes ceux qui sont inspirés par les passions politiques. A leurs yeux les actes, quelque coupables qu'ils puissent être, ne sont plus que les erreurs d'un patriotisme égaré ; la culpabilité en est atténuée, et, dans notre état actuel de civilisation, dans notre système de liberté et de tolérance générales, on ne peut punir ces délits et ces crimes des mêmes peines que les codes prononcent contre les délits et les crimes ordinaires. Cette doctrine s'est établie aux applaudissements de tous les entrepreneurs d'émeutes et d'insurrections ; elle est aujourd'hui passée en jurisprudence. Nos codes punissent de peines infamantes et même de mort la dévastation, l'incendie, les violences, l'assassinat ; donnez à ces crimes une couleur politique, toute flétrissure disparaît et la peine est mitigée. Un individu porte le ravage ou la flamme dans la propriété d'un de ses voisins, ou commet un meurtre dans une rixe ; il sera puni suivant toute la rigueur des lois. Un factieux excite une révolte à main armée, dans laquelle les propriétés sont violées, dévastées, incendiées, et dont la répression coûte la vie à des centaines de citoyens braves et fidèles aux lois ; les juges devront le traiter avec indulgence. Lequel des deux pourtant a fait le plus de mal à la société et est le plus coupable envers elle ?

De ces enseignements, de ces exemples, de cette justice exceptionnelle, il résulte qu'aujourd'hui révolutionner la France est un métier auquel on risque peu de chose et l'on peut gagner beaucoup. Un homme ruiné, noyé de dettes ou perdu de réputation (ce sont presque toujours ceux-là qui fomentent et dirigent les révolutions) peut hardiment se mettre à conspirer, à composer un comité insurrectionnel, à organiser une révolte. Au jour du combat, la barricade tutélaire ou les rangs des soldats aveugles de l'émeute atténueront pour lui les dangers matériels. S'il réussit, il devient un héros ; il s'empare du pouvoir ; la France est à lui ; sa fortune est refaite. Si la révolte est réprimée et qu'il ne puisse parvenir à s'échapper, voici ce qui lui arrivera. Traduit devant un jury, le sort lui donnera pour juges peut-être des complices ; probablement d'honnêtes citoyens, hommes doux et paisibles, peu experts en pareille matière, répugnant naturellement à toute mesure de rigueur, et qui peuvent se laisser influencer soit par la parole captieuse d'un avocat habile, soit par la crainte de se voir désigner aux vengeances du parti, à la prochaine émeute. S'il n'est pas absous, sa vie ne court pas le moindre danger : ce qui peut lui arriver de pire, c'est d'être condamné à la détention ou à la réclusion pour un temps plus ou moins long. Dans ce cas il est proclamé martyr de la liberté : tout son parti lui décerne les palmes civiques, les ovations, et fait des souscriptions en sa faveur. L'administration est obligée à rendre sa prison plus douce ; peut-être même, sur l'attestation d'un docteur complaisant, obtiendra-t-il de passer son temps de captivité dans une maison de santé où il jouira paisiblement de toutes les commodités de la vie. Dans tous les cas, il peut être à peu près sûr qu'à la première époque solennelle, une amnistie viendra lui rendre sa liberté et le mettre à même de recommencer à conspirer contre le gouvernement qui lui aura accordé sa grâce. Que si une nouvelle insurrection plus heureuse venait le délivrer, alors les persécutions qu'il aura subies lui vaudront un double triomphe.

Ainsi, depuis soixante ans, tout a concouru en France :

A affaiblir dans tous les esprits les sentiments moraux et religieux, les principes d'ordre politique et social ;

A accroître l'antagonisme entre les diverses classes de la société ; à aigrir l'animadversion et l'envie des pauvres contre les gens aisés, des prolétaires contre ceux qui possèdent, et, par suite, la défiance des derniers contre les premiers ;

A confondre, en matière politique du moins, toutes les notions du juste et de l'injuste, le faux avec le vrai, le fait avec le droit ;

A exalter jusqu'à la démence toutes les ambitions, toutes les cupidités ;

A propager l'esprit d'insubordination, l'impatience de tout frein, le mépris des lois, la haine de toute autorité ;

A faire considérer les serments comme de vaines formalités, la fidélité et le patriotisme comme une duperie, et les gouvernements comme des institutions transitoires qui doivent bientôt tomber pour faire place à de nouveaux essais et que l'on peut renverser sans scrupule ;

Enfin, à accoutumer la nation à jouer aux émeutes, aux complots, aux révolutions.

L'illustre publiciste que nous avons déjà cité, fait observer avec raison que, tandis que nous nous agitions sans succès dans

un cercle vicieux, nous épuisant en essais malheureux de République, d'Empire, de Monarchie constitutionnelle, ces trois gouvernements, bien affermis et fonctionnant régulièrement depuis longues années, faisaient la prospérité des États-Unis, de la Russie et de l'Angleterre. Aurions-nous donc, demande-t-il, le privilége de toutes les impossibilités? À cette affligeante question il répond : « Oui, tant que nous professerons le culte idolâtre de la démocratie (1). » Nous aussi nous répondrons : « Hélas! oui;
» mais c'est parce que nous sommes de tous les peuples de la
» terre le plus immoral et le plus mal élevé, politiquement par-
» lant. »

Voilà les résultats qui ne justifient que trop le titre que nous donnions à cet écrit; voilà les véritables et principales causes de cette déplorable maladie, de cette fièvre révolutionnaire périodique que nous signalions en commençant.

Quel serait le remède?

« Donnez de l'instruction aux classes laborieuses, vous disent
» les uns; c'est de l'ignorance que proviennent leurs vices et
» leurs excès. » Sans doute, il est juste, il est libéral de donner à tous l'instruction qui peut rendre l'agriculteur plus intelligent, l'ouvrier plus habile : mais l'instruction seule ne suffira pas. Il n'est point vrai que l'homme de travail ne pèche que par ignorance; il est entraîné bien plus souvent par le besoin, par l'oisiveté, par les vices et l'inconduite, par les mauvais exemples; il peut l'être par l'instruction elle-même, s'il n'en fait usage que pour lire et méditer les perfides enseignements de ses corrupteurs. Vous n'aurez rien fait si vous ne lui donnez, en même temps que l'instruction, l'éducation si négligée jusqu'à présent et dont nous parlerons bientôt.

« Donnez aux classes ouvrières des droits politiques, vous di-
» ront les autres: appelez-les à participer aux affaires publiques,
» au gouvernement du pays, et vous en ferez de meilleurs ci-
» toyens. » Mais des droits politiques ne les mettront pas à l'abri du besoin, du manque d'ouvrage, des maladies; n'améliore-ront pas leur sort; n'étoufferont pas en eux la jalousie que la richesse leur inspire : et peut-être, s'ils acquéraient, ne fût-ce que par le nombre, une influence prépondérante, n'en useraient-ils

____

(1) *De la Démocratie en France.* — Janvier 1849, chap. 8.

que pour renverser l'ordre social et opprimer ou dépouiller ces classes plus fortunées que naturellement ils envient.

D'autres enfin vous diront : « Ayez recours à la force : c'est » le seul argument contre les passions fanatisées ; la seule sauve- » garde des sociétés, à défaut de la morale. On viole les lois, on » attaque le gouvernement? Comprimez la violence ; foudroyez » la révolte. » Mais de quoi se compose cette force? 1° De la garde nationale qui n'a sauvé ni la Constitution en 1792, ni l'Empire en 1814 ; qui n'a soutenu ni Louis XVIII en 1815, ni Charles X en 1830, ni Louis-Philippe en 1848 ; qui ne s'est montrée si énergiquement en juin 1848 que parce que toutes les propriétés étaient menacées ; 2° de l'armée, si intrépide en 1814 et en 1815 contre l'étranger, mais qui se laisse influencer par le peuple du sein duquel elle est sortie, au sein duquel elle doit rentrer ; qui en 1830 est restée neutre, et dont une partie, en février 1848, a livré ses armes.

Non ; ce n'est pas par ces moyens que vous sauverez la société menacée ; que vous guérirez la maladie chronique qui mine la France.

Le mal provient de l'absence ou de l'oubli de la morale et de la religion, de l'honneur et de la probité. Il faut revenir et ramener la nation aux principes moraux et religieux ; aux sentiments d'honneur et de probité politique. C'est une régénération générale à opérer : c'est la société tout entière qu'il faut reprendre en sous-œuvre.

Comment y parvenir?

Il n'y a que deux moyens : l'éducation publique et l'action du gouvernement. Le premier est d'un effet sûr, mais lent ; le second peut contribuer au grand œuvre, en attendant les résultats du premier.

Nous disons *l'éducation* publique, et non pas l'*instruction* publique, parce que depuis long-temps on prodigue, avec raison, au peuple l'instruction ; mais personne ne songe à lui donner l'éducation qui seule peut faire de l'homme un citoyen.

On fait perdre aux enfants des années entières pour apprendre, tant bien que mal, deux langues mortes dont la connaissance sera complètement inutile pour les deux tiers au moins d'entre eux (1) ;

______

(1) Il y aurait beaucoup à dire sur notre enseignement collégial, tel que la routine et le pédantisme s'obstinent à le maintenir, comme si la société ne

pour acquérir, sur diverses matières, un demi-savoir qui ne servira qu'à éveiller leur ambition et à élever leurs prétentions, le plus souvent en raison inverse de leurs capacités et de leurs talents. Et de morale publique, des principes d'ordre social et politique, on ne leur dit pas un mot! On a cru beaucoup faire en créant dans quelques académies une chaire de droit administratif et à Paris une École d'administration ; mais ces cours de mécanique administrative ne remplissent nullement le but de l'éducation politique des élèves. Ils quittent les bancs l'imagination exaltée par les déclamations de l'école sur les vertus sévères, sur les hauts faits et les grands évènements des Républiques anciennes, et dans leurs jeunes têtes il se fait un étrange amalgame de l'héroïsme enthousiaste de la Rome antique et de l'austérité spartiate avec la molle civilisation, le luxe et les vices de notre société moderne. Et l'on s'étonne de voir à la tête de toutes nos émeutes, de toutes nos saturnales révolutionnaires, des avocats et des médecins avortés, des publicistes aventuriers et des étudiants qui n'apprennent que l'immoralité politique !

Même aveuglement, même incurie pour l'instruction primaire. L'instituteur communal enseigne à l'agriculteur, à l'ouvrier, la lecture, l'écriture, le calcul, la langue française ; mais il ne leur donne pas la moindre notion sur l'état social et ses conséquences, sur les lois principales et l'administration du pays, sur leurs obligations comme citoyens. On leur parle sans cesse des droits de l'homme, jamais de ses devoirs : on ne s'occupe guère de leur éducation morale ; on laisse au prêtre le soin de leur parler de religion. On leur apprend à lire et on ne s'occupe nullement de leur donner ou de leur procurer à très bas prix des écrits composés exprès pour eux et qui leur inculqueraient des idées justes et saines, de bons principes. Ainsi, l'instruction qu'on leur donne ne leur sert trop souvent qu'à lire les journaux fougueux, les pamphlets et les écrits provocateurs que les factieux leur prodiguent gratuitement ou à vil prix. Et l'on s'étonne des progrès que font les doctrines anti-sociales !

devait se composer que de littérateurs, d'hommes d'art ou de science et de gens de loi ; sur cette instruction inévitable que tous les jeunes élèves sont forcés de subir, de telle sorte qu'en quittant le collége il faut qu'ils recommencent leur éducation et qu'ils fassent de nouvelles études pour se rendre aptes à quelque chose d'autre que les professions que nous venons de citer. Mais cette discussion serait ici hors de propos.

Rendons à l'enseignement toute sa puissance, en joignant à l'instruction une éducation profondément morale et religieuse.

À ce mot de religion, que nous répétons souvent, aucune conscience ne doit s'effaroucher. Fidèles à la foi que nos parents nous ont transmise, nous n'en respectons pas moins toutes les croyances sincères, comme nous désirons que l'on respecte la nôtre. D'ailleurs, ce n'est nullement de dogme et de propagande religieuse qu'il s'agit ici : l'administration, loin d'être athée ni même insouciante sur le sentiment religieux en général, doit maintenir une entière liberté de conscience et accorder à tous les cultes une égale protection. Il ne s'agit dans ces observations que des principes éternels qui sont la base de toutes les religions et sur lesquels tous les cultes sont unanimes. Ne traitant donc la question qu'au point de vue politique et gouvernemental, en homme d'État et non pas en apôtre, nous nous bornons à réclamer l'enseignement, partout et pour tous, de ces trois grandes vérités fondamentales :

L'existence de Dieu ;

L'immortalité de l'âme ;

La certitude de récompenses et de châtiments au-delà de cette vie.

Qu'un homme ait gravés au fond du cœur ces trois articles de foi ; ils suffiront pour en faire un membre utile d'une société régulière.

Il faudrait donc qu'à tous les degrés de l'enseignement, depuis l'école primaire jusqu'en philosophie, l'instituteur s'efforçât de graver profondément ces vérités premières dans l'esprit des élèves, en les mettant autant que possible à leur portée : qu'ensuite il leur recommandât d'aller recevoir l'instruction religieuse spéciale, chacun auprès du ministre de son culte, et qu'il leur donnât lui-même l'exemple de respecter et d'observer la religion à laquelle il appartient.

Après ces leçons de religion élémentaire, l'instituteur devrait donner à ses élèves des notions justes et simples, appropriées à leur âge et à leur position, sur :

Les bases de l'Etat social ;

Le gouvernement et les institutions du pays ;

Les lois générales et les devoirs du citoyen :

Connaissances qui sont indispensables, aujourd'hui surtout, que tous les Français, sans exception, sont appelés à participer aux affaires publiques, au moins par l'élection.

Ainsi, dès l'enfance, les jeunes gens seraient préparés à devenir des hommes de bien et de bons citoyens.

Les uns apprendraient que la bienfaisance est un devoir pour ceux qui possèdent plus que le nécessaire ; que la morgue, l'avarice, l'insensibilité du riche, provoquent chez le pauvre l'aversion, la jalousie, l'esprit d'insurrection, et que la charité chrétienne n'est pas seulement une vertu, mais encore un bon calcul.

Les autres comprendraient qu'il est impossible qu'il n'y ait pas dans la société des pauvres et des riches ; que ce sont les riches, c'est-à-dire les propriétaires, les industriels, les commerçants, les rentiers, qui font vivre les pauvres en leur donnant du travail et des secours ; que le travail est le seul moyen d'améliorer leur sort ; enfin ils s'accoutumeraient à puiser dans leurs croyances et dans leurs sentiments religieux la résignation et le courage nécessaires pour les soutenir dans leur laborieuse carrière.

Nous ne prétendons assurément pas que, par le système d'éducation que nous désirons, on parvienne à la perfection absolue, à réaliser la république de Platon, à ne plus avoir en France que des hommes sages, que des citoyens vertueux. Mais il en résulterait certainement que la masse de la nation, plus morale et plus éclairée, serait moins facile à égarer et plus facile à gouverner.

L'administration deviendrait plus pure, plus probe, plus juste, plus paternelle, et compterait bien moins d'ennemis.

Les citoyens plus raisonnables, plus pénétrés de leurs devoirs, apprendraient à respecter les lois, à obéir aux autorités instituées : ils deviendraient plus dociles sans cesser d'être libres, ou plutôt ils seraient alors réellement libres, car on ne l'est pas sous le joug des factions.

Les classes aisées ou riches n'en deviendraient que plus charitables, et la bienfaisance, stimulée par les sentiments religieux, serait plus active encore pour offrir des secours à tous les besoins, à toutes les infortunes, à toutes les souffrances.

Plus éclairées et plus moralisées, les classes laborieuses et même la classe indigente finiraient par comprendre que leur propre intérêt, non moins que la justice et la probité, leur prescrit de respecter les propriétés des classes plus fortunées ; que l'anarchie, la violence et la spoliation ne peuvent que rendre leur sort plus déplorable en paralysant le commerce, l'industrie et le crédit public, et en faisant cesser le travail.

Alors, les électeurs plus instruits seraient moins faciles à tromper, et l'on ne verrait plus des populations entières, troupeau docile et aveugle, menées et exploitées par des entrepreneurs d'élections.

Alors, des majorités probes et désintéressées pourraient se former dans les grands corps de l'Etat et y contenir les oppositions systématiques d'intrigans ambitieux : les justes plaintes et les répugnances de la nation se manifesteraient et triompheraient sans catastrophes par des moyens réguliers et légaux.

Alors enfin les émeutes, s'il en éclatait, seraient facilement et promptement réprimées, et les aventuriers politiques ne pourraient plus, en un tour de main, les transformer en révolutions.

Personne, sans doute, ne niera qu'un pareil système d'éducation publique ne doive produire ces heureux résultats; mais on fera observer qu'il faudra les attendre long-temps; que ces germes de morale et de probité politique ainsi déposés dans le sein de la génération naissante, exigeront beaucoup de temps pour se développer : que l'on ne pourra guère en recueillir les fruits avant douze ou quinze ans, et que, d'ici là, il faut gouverner et éviter, si faire se peut, des révolutions nouvelles. L'observation est juste et nous en tirons les conséquences suivantes.

Plus les bienfaits de ce nouveau système doivent se faire attendre, plus il importe de mettre sans retard la main à l'œuvre. Le ministre qui préparera cette réforme fondamentale aura plus fait pour le bonheur de son pays que l'inventeur du système le plus ingénieux d'équilibre social.

En attendant, nous devons tous, les individus comme le gouvernement, faire tout ce qui est en notre pouvoir pour hâter cette régénération sociale. Ce n'est pas seulement dans les écoles que les hommes de travail pourraient recevoir une instruction salutaire. Les personnes qui, par leur position, sont à même d'exercer sur eux quelqu'influence, pourraient y contribuer efficacement. Ces personnes, en général, les unes, non sans doute par une sotte fierté, mais par une fausse dignité ; les autres par habitude, d'autres par une certaine antipathie pour le langage et les manières de l'atelier, d'autres même par un mauvais calcul, se tiennent éloignées des cultivateurs et des ouvriers qu'elles emploient et n'ont presqu'aucun rapport avec eux. Il en résulte que ces derniers ne les regardent que comme des étrangers, des adversaires contre lesquels ils ont à défendre leurs intérêts, et cette disposition des esprits entretient et accroît de part et d'autre la méfiance et l'antagonisme. Les grands propriétaires, les chefs d'industrie devraient, au contraire, se rapprocher des travailleurs qu'ils emploient, causer familièrement avec eux en leur témoignant de l'intérêt, de la sollicitude pour leur bien-être et pour tout ce qui peut améliorer leur sort. Dans ces entretiens pleins de franchise et de bienveillance, ils obtiendraient bientôt l'estime et la confiance de l'ouvrier, et réussiraient, mieux encore que l'instituteur, à lui faire comprendre les vrais principes et les nécessités de l'état social, à lui inspirer le sentiment de ses devoirs et de ses véritables intérêts.

Quant au gouvernement, il peut contribuer à l'épuration de nos mœurs politiques par le plus puissant de tous les enseignements, celui de l'exemple.

Qu'on ne se hâte point de crier à l'utopie! Nous sommes bien loin d'exiger du gouvernement des vertus surhumaines, l'administration de Salente sous la direction de Mentor, en un mot, la perfection. Nous savons trop bien que le meilleur de tous les gouvernements est celui qui a le moins d'abus, et nous faisons largement la part aux passions et aux exigences de tout genre. Il suffirait que le gouvernement adoptât et exécutât avec constance et fermeté les mesures suivantes :

Éviter avec soin tout ce qui pourrait choquer, blesser gravement la morale publique; dans les actes et les proclamations du gouvernement, par des principes anti-sociaux ou par des injustices et des improbités évidentes; dans la composition du personnel, par le choix de fonctionnaires ou d'agents indignes et notoirement mal famés.

Destituer sans hésitation, sans ménagement, tout fonctionnaire qui commettrait une action contraire à l'honneur, à la probité, ou qui se déconsidérerait par une conduite scandaleuse.

Réveiller la noble ambition des signes d'honneur, qui a toujours eu tant de pouvoir sur les cœurs français, et que l'on a presque éteinte en prostituant ces distinctions. — Rendre à la Légion-d'Honneur tout son éclat et tout son prix. Il suffirait pour cela de prescrire que toute nomination serait rendue publique, et que chaque brevet devrait contenir l'indication détaillée des services du titulaire ou du fait exceptionnel pour lequel cette décoration lui serait accordée. — Instituer des récompenses honorifiques, non-seulement pour les belles actions, mais encore pour les vertus publiques et privées : par exemple, des médailles, des mentions honorables et même des prix qui seraient décernés publiquement chaque année par les conseils-généraux ou cantonaux, aux cultivateurs, aux ouvriers qui s'en seraient rendus le plus dignes par leur assiduité au travail, par leur probité, surtout par leur bonne conduite ou par des services rendus à la société. L'émulation, le noble orgueil qu'exciteraient ces récompenses, l'avantage même qui en résulterait pour ceux qui en auraient été l'objet, en attirant sur eux l'intérêt et la confiance publique, produiraient un effet moral plus grand qu'on ne le croit.

S'occuper enfin sérieusement, activement, de la solution du problème le plus difficile peut-être que présente l'état actuel de la société : l'amélioration du sort des classes pauvres et laborieuses. Cette solution, nous n'irons pas, on le pense bien, la chercher dans l'essai des utopies plus ou moins insensées ou perfides des charlatans humanitaires; dans la violation de la propriété ou des droits sacrés sur la liberté du travail et des contrats. En attendant de plus heureuses inspirations de nos économistes, nous apercevons deux moyens, légitimes et efficaces : une meilleure organisation de nos institutions de bienfaisance; de nouveaux débouchés ouverts à l'excédant de notre population toujours croissante.

L'administration de nos établissements de bienfaisance est, il faut oser le dire, irrégulière, inconséquente, vicieuse ; moins par l'infidélité des gérants que par la mauvaise gestion, le gaspillage et l'incurie. Avec les ressources considérables qu'elle possède (1), elle pourrait, mieux organisée, faire deux fois plus de bien.

Sans entrer dans des détails administratifs spéciaux que ne comportent ni le sujet ni les bornes de cet écrit, il suffit d'indiquer ici les principales causes des abus. — Les établissements de bienfaisance sont gérés par des commissions administratives :

(1) On compte en France :
 1,453 Hôpitaux de toute nature dont les revenus annuels s'élèvent à.......................... 59,664,000 fr.
Et 7,599 Bureaux de bienfaisance................... 13,558,000
                73,222,000
Sans compter 46 Monts-de-Piété qui effectuent annuellement des prêts pour.......................... 42,221,000

l'expérience a depuis bien long-temps prouvé que l'on ne peut guère attendre d'une administration collective une gestion soigneuse, active et régulière : ces commissions ne devraient être investies que du droit de surveillance et de conseil, et la gestion devrait être confiée à un directeur ou agent responsable. — Ces administrateurs, dont les fonctions sont gratuites, sont choisis naturellement parmi les hommes les plus considérables, les plus haut placés, soit par leur position sociale, soit par leurs dignités ou leurs emplois : la plupart de ces personnages, absorbés par leurs propres affaires ou par leurs fonctions publiques, ne peuvent se consacrer assiduement à l'administration d'un établissement dont la gestion journalière exige des soins de tous les instants ; ils abandonnent tous les détails, toutes les affaires courantes, à des agents salariés qu'ils surveillent et dont ils arrêtent les comptes plus ou moins légèrement et superficiellement : en réalité, ce sont ces agents secondaires qui administrent ; les administrateurs titulaires ne regardent leurs fonctions que comme un titre honorifique qui ajoute à leur considération et à leur importance dans le monde et leur procure l'avantage de pouvoir distribuer à leurs amis ou à leurs clients des grâces et des secours. —Cependant, ces administrateurs, en raison même de leur position sociale, n'en sont que plus disposés à se rendre absolument indépendants, à se refuser à toutes les mesures, à toutes les règles qui contrarient leurs idées ou leurs systèmes, et le pouvoir local se trouve vis-à-vis d'eux dans une position fausse et gênée toutes les fois qu'il faut agir d'autorité pour rétablir l'ordre, pour contraindre à l'exécution des lois et des règlements. — Les renouvellements de ces commissions s'opèrent sur des listes de candidats dressées par la commission elle-même ; les membres sont indéfiniment rééligibles. Lorsqu'un corps se nomme ou se recrute lui-même, il est impossible qu'à la longue l'abus ne s'y introduise pas. Les membres sortants sont presque toujours renommés ; ces fonctions sont à peu près viagères et l'administration des services de bienfaisance d'une ville, peut ainsi devenir le partage exclusif de quelques familles et subir les influences de l'esprit de parti, de l'intolérance religieuse et de toutes les passions de localité. Enfin, presque tous les administrateurs des établissements de bienfaisance sont en même temps membres du conseil municipal, et souvent les intérêts de ces établissements sont subordonnés, sinon sacrifiés, aux intérêts de la commune.

De tous ces vices organiques, il résulte que souvent les biens sont mal administrés, les revenus et les produits dissipés, gaspillés, détournés de leur destination légale ou de celle que leur avaient donnée les fondateurs ou donateurs. On ne peut trop le répéter : quelque respectables que soient, en général, personnellement, les administrateurs des établissements de bienfaisance, il y a des millions à retrouver dans la gestion du bien des pauvres, et par conséquent beaucoup de ressources pour diminuer le nombre des misères extrêmes.

Toutefois, quelqu'active que soit la bienfaisance, elle ne peut les soulager toutes, car deux causes tendent chaque jour à en augmenter le nombre. Les progrès de la civilisation et des sciences, la pratique de la vaccine et une paix de 35 ans ont diminué les chances de mortalité et favorisé l'accroissement annuel de la population (1) : en même temps, les progrès des arts et particulièrement de la mécanique, en substituant à la force de l'homme la force des machines, de l'eau, de la vapeur, diminuaient la somme du travail manuel. Par ces deux causes agissant en sens inverse, la population, surtout la population ouvrière, s'accroît progressivement tandis que le travail manuel diminue. Il reste, quoi qu'on en puisse dire, bien peu de terres suffisamment fertiles à défricher en France ; les travaux extraordinaires de nos chemins de fer, de nos canaux, de nos ports, ne peuvent pas durer toujours. Ainsi, sans même tenir compte des funestes évènements qui, depuis plus d'une année, paralysent l'industrie, le commerce et tarissent toutes les sources de la prospérité publique, le nombre des ouvriers sans travail doit naturellement s'accroître et la détresse des classes laborieuses augmenter encore.

Nous qui ne sommes point de l'école de Malthus ; nous qui regarderions comme un crime toute guerre froidement calculée et entreprise systématiquement sans une juste cause, nous ne voyons qu'un seul moyen d'ouvrir de vastes débouchés à cet excédant de population en souffrance ; l'émigration, la colonisation.

Plus prévoyante et plus sage, l'Angleterre a prévenu ou

(1) La population, qui était en 1815 de 29,236,000 âmes, s'élevait en 1846 à 35,402,000. Moyenne d'augmentation annuelle dans cette période de trente et un ans, 198,900.

atténué en partie les effets de cette pléthore : elle s'est ménagé un exutoire pour sa population criminelle dans une de ses nombreuses colonies ; les autres offrent à sa population surabondante du travail, des emplois, des ressources et même des chances de fortune. Nous avons perdu depuis 1792 nos plus belles colonies ; mais il nous en reste assez pour occuper bien des travailleurs dont les bras peuvent même y devenir nécessaires pour remplacer les noirs ou pour y rendre la culture plus intelligente et plus féconde. Pendant une longue paix, l'Angleterre, explorant toutes les parties du monde, plantait son pavillon sur toute terre exploitable et y ouvrait un débouché pour sa population et pour son commerce. La France ne pourrait-elle pas essayer quelques entreprises de ce genre et faire des acquisitions plus heureuses que le rocher de Mayotte et les Marquises ? Sans même aller à la recherche de possessions lointaines, nous avons sous la main, à 60 heures de distance de nos ports, un vaste territoire, des contrées entières à peupler, à cultiver ; nous ouvrant ainsi l'accès au cœur de l'Afrique, qui pourrait devenir pour nous ce qu'est le Far-West pour les États-Unis, un champ sans limites où nous ferions pénétrer peu à peu le commerce et la civilisation.

Que faudrait-il pour obtenir ces résultats si importants sous tous les rapports ? un emploi plus judicieux et surtout plus sévèrement surveillé des sacrifices considérables que la France fait chaque année pour sa colonie algérienne. Organiser sur les points les plus favorables de son territoire, des ateliers pour de grands travaux d'assainissement, de culture, d'ouverture de routes et de canaux, de construction de ports ; y appeler et y transporter gratuitement les ouvriers qui languissent sans travail sur le sol français ; les établir sur les lieux, d'abord, s'il le faut, sous la tente, puis dans des baraques, en attendant la construction de logements plus réguliers ; leur assurer une solde de travail journalier et des rations de vivres pendant le temps nécessaire ; en un mot, les traiter comme soldats de l'agriculture : puis, à mesure que les circonstances le permettraient et que les populations commenceraient à s'agglomérer, faciliter à ceux qui le désireraient les moyens de s'y établir soit comme artisans dans leur profession, soit comme colons, moyennant la concession d'une portion suffisante de terrain, sous une faible redevance annuelle ou même gratuitement.

Sans entrer ici dans les détails d'exécution d'un semblable

système, il ne semble pas douteux que le gouvernement ne parvînt ainsi facilement à venir au secours des classes malheureuses d'une manière plus large et plus efficace, en ouvrant une vaste issue à cet excédant de notre population ouvrière qui languit et souffre sans travail et sans ressources.

Les hommes d'État à qui nous soumettons les réflexions qui précèdent, pourront trouver nos idées plus ou moins justes; approuver, critiquer ou modifier nos propositions. Mais ce qui est malheureusement évident et incontestable, c'est la monomanie révolutionnaire dont la nation est tourmentée, les causes de cette funeste maladie et l'urgente nécessité d'y porter remède, sous peine de voir la France déchue de son rang, ruinée, avilie, mise au ban des nations et réduite enfin à subir le despotisme, déplorable mais unique refuge des peuples qui se vautrent et se débattent dans l'anarchie.

IMPRIMERIE EDOUARD PROUX ET Cᵉ, RUE NEUVE-DES-BONS-ENFANTS, 3.

www.ingramcontent.com/pod-product-compliance
Lightning Source LLC
Chambersburg PA
CBHW061712050726
47598CB00004B/1801